SOUVENIR DE 1870-1871.

LE

SIÉGE DE TOUL

PAR

Ch. LECLERC,

VOLONTAIRE AU 63ᵉ DE LIGNE.

VERDUN

LIBRAIRIE V. FRESCHARD

RUE MAZEL, 55.

SIÉGE DE TOUL

Il y avait quatre jours que le faible dépôt du 63e de ligne, augmenté de 2,000 gardes mobiles à peine, avait pris ses quartiers dans la charmante petite ville de Toul, lorsque le 14 août, au moment ou tout était tranquille dans la ville comme à la caserne, le cri : *Aux armes*, se fit entendre ; en un clin-d'œil tout le monde fut sous les armes, et d'un pas décidé et bien résolu chacun courut occuper son poste d'honneur sur les remparts.

Ce jour-là quelques gendarmes partis en reconnaissance rencontrèrent, non loin de la ville, les éclaireurs prussiens. Forcés de battre en retraite, les gendarmes se retirèrent en toute hâte laissant un des leurs frappé à mort, d'une balle ennemie ; à part ce petit évènement, la journée se passa assez tranquillement.

Le lendemain mardi, 15 août, jour bien connu de l'armée entière par les réjouissances de toutes sortes qui se donnent dans le pays entier en l'honneur du chef de l'Etat qui choisit ce jour pour celui de sa fête, on battit la générale à 9 heures du matin. On courut aux remparts ; les prussiens se voyaient de loin, quelques coups de feu tirés sur les éclaireurs furent toute l'affaire de la journée, cependant on la passa tout entière sur les remparts.

Le mercredi, 16 août, vers midi, les portes de la ville s'ouvrirent pendant quelques minutes seulement, pour livrer passage à deux énormes voitures de fumier dans lesquelles étaient cachées les dépêches, qui depuis tantôt huit jours n'arrivaient plus dans la place. A peine avaient-elles franchi les portes, et le dernier coup de midi avait-il retenti, qu'un bruit sourd et terrible ébranla l'atmosphère. — L'ENNEMI ATTAQUAIT.

Une colonne forte d'environ 16,000 hommes d'infanterie, secondée par de l'artillerie, était sous les murs de la ville dans l'intention évidente de s'en rendre maître.

C'est alors que l'on vit les troupes occupant les remparts, rivalisant de courage, diriger sur les agresseurs un feu bien nourri.

Après deux heures environ de bombardement,

une bombe mit le feu à la recette particulière des finances et la réduisit en cendres ; quelques murailles percées, quelques toitures effondrées, quelques cheminées renversées, quelques carreaux cassés, voilà pour la ville ; quant à la troupe, quatre braves avaient trouvé la mort, mais une mort glorieuse, une mort digne d'envie, au poste qu'ils occupaient, sans oublier une quinzaine de blessés, dont les blessures étaient toutes sans gravité. L'artillerie, manœuvrée par la garde mobile, dont les rangs se composaient uniquement de jeunes gens peu aguerris et récemment ravis aux caresses de la famille, fit preuve d'un mâle courage et de beaucoup de sang-froid. Point habituée à cette sorte de jeux elle s'en tira fort bien et mérita en ce grand jour le surnom de bataillon des braves.

L'ennemi trompé dans ses espérances se retira à cinq heures du soir, laissant le champ de bataille jonché de ses morts, dont le chiffre probable s'élevait à quinze cents environ, plus un prince, un général, plusieurs officiers supérieurs et officiers subalternes et laissant entre nos mains ceux de leurs blessés que des blessures trop graves ne permettaient pas de transporter.

Huit jours se passèrent sans que du dehors rien ne vint inquiéter ni les habitants ni la troupe.

Ce silence de l'ennemi n'était pas naturel, aussi le montra-t-il bientôt.

Le 23 août, qui était un mardi, dès les neuf heures du matin, l'artillerie attaqua de deux côtés à la fois, du haut de la côte St-Michel (1) et des hauteurs de Chaudenay. Jusqu'à deux heures elle ne cessa d'envoyer ses dangereux projectiles sur la ville. A midi le feu se déclara dans un des magasins situés près de la porte de Moselle ; l'ennemi concentra alors tous ses coups sur le foyer de l'incendie afin d'en défendre l'approche aux troupes envoyées sur ce point pour combattre le sinistre ; les pertes ne furent pas très-grandes, le magasin étant aux deux tiers vide.

La place essaya bien de répondre à l'ennemi, mais la distance étant trop grande et son artillerie trop bien à l'abri il lui fut impossible de continuer ; il fallut donc se résoudre à se croiser les bras et à écouter siffler les bombes et les obus.

A deux heures du soir, le feu cessa complètement et le drapeau blanc déployé du côté de Chaudenay annonça que l'ennemi demandait à parlementer.

L'officier parlementaire arriva en effet quelques instants après, demandant la reddition de la place ;

(1) Dans la relation de l'attaque de Toul du 16 août les prussiens dirent qu'ils s'étaient emparés du fort St-Michel. St-Michel est tout bonnement une montagne sur laquelle il n'existe pas le moindre ouvrage et où il n'y avait pas un seul soldat.

le Commandant de cette dernière et quelques officiers supérieurs le reçurent, après un entretien
assez long, ils ne purent s'entendre le Commandant
refusa net. Le parlementaire se retira alors assu-
rant que l'attaque allait recommencer. A peine
était-il rentré à son poste qu'en effet les bombes
et les obus tombèrent de nouveau sur la ville,
mais avec moins d'ardeur cependant que la pre-
mière fois. Il est fort probable que les munitions
commençaient à s'épuiser car après trente à
trente-cinq minutes pendant lesquelles l'ennemi
alla jusqu'à nous envoyer des morceaux de rails
de chemin de fer, le feu cessa complètement.

Les troupes regagnèrent alors leur quartier,
n'ayant que quelques blessés à regretter. Pendant
le plus fort du feu, un bourgeois monté sur les
glacis où étaient échelonnées les troupes, pour
chercher à apercevoir l'ennemi, paya de sa vie un
moment de curiosité, car à peine y était-il arrivé
qu'un éclat d'obus l'étendit raide mort. Ce fut
pour tous une terrible journée car n'avions nous
pas constamment la mort devant les yeux, et étions
nous certains de vivre la minute qui devait suc-
céder à la minute présente, non certes? et n'est-ce
pas la rage dans le cœur que nous songions qu'un
ennemi alors invisible nous accablait de ses coups
sans qu'il nous fut possible de lui répondre et lui

prouver que, toujours présents au poste que l'honneur nous avait confié, nous étions tous disposés à mourir plutôt que de lui livrer la place qu'il convoitait si ardemment.

Après cette attaque, tout rentra dans le silence et l'on en vint à supposer que l'ennemi, surpris de la résistance opiniâtre de la place et peu disposé à user inutilement ses munitions, s'était retiré, laissant enfin le pays libre. C'est à peine si l'on apercevait quelques rares vedettes interrogeant les environs ; cependant cette tranquillité de sa part n'était qu'apparente car le 10 septembre une attaque furieuse commença dès le matin. Les prussiens avaient établi leurs batteries à la Faïencerie. Ils se servaient de nos propres pièces et des munitions qu'ils avaient enlevées de *Marsal*. Le bombardement fit de grands dégats, mais l'artillerie de Toul répondit si vigoureusement et fit essuyer tant de pertes en hommes et en matériel à l'ennemi, que celui-ci fut obligé de se retirer.

Le 11, la place continua son feu ainsi que les jours suivants, sur les batteries ennemies, celles-ci ne répondirent au feu que le 14 ; mais le 15, dès six heures du matin, les prussiens ouvraient le feu avec une extrême violence. La caserne d'infanterie fut effondrée et à moitié démolie.

Il faut rendre ici justice à l'artillerie de la ville.

Malgré le désavantage de sa position et l'infériorité des pièces qui pouvaient répondre — c'étaient toutes d'anciennes pièces non rayées — malgré, dis-je, toutes ces conditions d'infériorité, les artilleurs Toulois répondirent vigoureusement.

Le lendemain les projectiles de la place allèrent encore contrarier les travailleurs prussiens qui établissaient ou voulaient établir des batteries dans différents endroits. Le soir même, les prussiens lancèrent quelques obus sur la porte de Moselle dans le seul but de protéger lesdits travailleurs.

Dans cette journée du 16 septembre il arriva une singulière aventure comme en savent seuls faire naître les troupiers français.

Les tirailleurs prussiens étaient disséminés dans la plaine tout autour de la ville, ils étaient assez proches des remparts pour tirer sur les factionnaires des parapets. Leur but était d'empêcher la consolidation du blindage des pièces. Un soldat eut une idée lumineuse. Aidé de ses camarades il fit un manequin simulant une sentinelle et coiffé d'une casquette rouge. Il tenait un baton comme si c'eut été un fusil. Un soldat se cachait derrière, tirait sous le bras du manequin et sur un prussien quand il en voyait un. On aurait juré que le manequin était un soldat qui venait de faire feu. Pour tromper davantage un autre troupier était chargé de faire voyager ce *soldat de paille*, d'un bout du parapet à l'autre.

Les prussiens furent pris à ce jeu; ils en vinrent jusqu'à faire des feux de peloton sur le manequin, à la grande joie des hommes de garde qui ripostaient avec succès. Cet amusement dura depuis une heure du soir jusqu'à la nuit. Le lendemain le Commandant de place fit défendre de renouveler de pareils exercices.

Le 17 les choses continuèrent comme les jours précédents, mais on eut un parlementaire dans la journée. Il vint déclarer que leur artillerie « tirerait sur les bastions, les remparts et les guerriers, mais qu'elle ne bombarderait plus la ville ». On verra comment ont été tenues ces promesses.

Le 18 septembre était un dimanche, un beau soleil resplendissait et venait égayer l'intérieur de notre grande prison. Quelques coups de feu furent échangés entre les sentinelles françaises et les vedettes prussiennes.

A quatre heures trois quarts, au moment où toute la population endimanchée, se promenait dans la ville, soudain une détonation de canon, suivie immédiatement d'une deuxième plus sèche et plus rapprochée, se fit entendre. C'était tout simplement un obus, parti de Gare-le-Coup, qui avait éclaté sur le parapet du bastion 30, en cou-

vrant de terre la sentinelle posée en cet endroit.
Quelques secondes après un deuxième obus arriva
au même bastion, ce fut comme un signal. La
côte St-Michel ouvrit un feu violent et ses projectiles tombèrent principalement sur la Cathédrale
et l'Eglise de St Gengoult. Les hauteurs de Chaudenay tiraient sur la porte de Moselle et les bastions
voisins. Les batteries de Gare-le-Coup tiraient sur
les bastions 39 et 40 sans préjudice des obus qui
effondraient les maisons. Chacun de ces trois
points lançait un projectile chaque cinq secondes.

Cet effrayant bombardement dura jusqu'à six
heures du soir, et il cessa comme il avait com-
mencé, presque instantanément. On n'en a jamais
su la cause. Quelques-uns ont prétendu que c'était
pour faire passer un convoi d'artillerie avec ses
munitions, que les prussiens avaient ainsi bom-
bardé pour donner le change.

Depuis ce moment la côte St-Michel lança tous
les quarts d'heure un obus sur la Cathédrale, avec
une exactitude désespérante. La nuit comme le
jour, on entendait ce coup de canon et cet obus
qui éclatait, semblant dire aux Toulois : « *Pensez-y,
nous veillons ; semblables à Argus nous avons
toujours un œil ouvert sur vous.*

Cet état de chose dura jusqu'au 21 septembre.
Le soir, à cinq heures, l'artillerie de Toul mit le

feu au village de St-Mansuy, qui renfermait une quantité de prussiens; à ce moment, par représailles sans doute, la côte St-Michel bombarda la ville. Les remparts reçurent une pluie de projectiles et les artilleurs abandonnèrent leurs pièces, la position n'était pas tenable.

Le lendemain le bombardement repris dès le matin avec une nouvelle intensité; les projectiles arrivaient de plusieurs directions opposées. La place répondit vigoureusement et incendia de nouveau St-Mansuy.

Mais dans la défense on négligea un point important. Les prussiens travaillaient avec ardeur à établir de nouvelles batteries à un kilomètre des murs sur les hauteurs du côté d'Ecouves. Dans cette journée du 22 nous eûmes quelques pertes d'hommes et beaucoup de dégats dans la ville.

Le 23 septembre, dès le point du jour, les prussiens ouvrirent le feu avec une grande violence, toutes leurs batteries furent mises en jeu. C'était une pluie de projectiles. Beaucoup de maisons furent incendiées et effondrées. C'était une scène de désolation pitoyable, d'entendre les cris et les pleurs des infortunés que la guerre ruinait et plongeait à jamais dans la douleur.

Le pont levis de la porte de France eut une de ses chaines coupée et il s'abattit avec fracas. On voulut essayer de le relever; on ne put y parvenir.

Les boulets et les obus éclatant avec fracas, les obus coupant en deux les arbres ou se faisant jour au centre des murailles ou des toitures, le sifflement des balles, le bruit sourd et étourdissant des pièces qui ne cessaient de cracher sur nous, les maisons en flammes, les toitures s'effondrant presqu'à chaque pas, les vitres des maisons volant en éclats et jonchant le pavé des rues, les bourgeois atteints dans les rues et dans les maisons, les enfants coupés en deux sous les yeux de leur mère; tout était fait pour resserrer les cœurs et émouvoir les plus hardis. Renfermée dans les casemates, la troupe n'y était plus en sûreté, car, l'ennemi connaissant parfaitement la position y faisait pleuvoir les bombes et les obus. Les bastions 39 et 40 étaient les deux points sur lesquels l'ennemi semblait vouloir assouvir sa colère; chaque boulet portait, les arbres sur les glacis volaient en éclats et jonchaient la terre de débris de troncs et de branches arrachées. Les remparts n'étaient plus tenables pour les soldats, qui étaient obligés de se réfugier dans les abris où même il y en eut de tués.

Dans le bastion 39, un obus frappant un des angles de l'abri où se trouvaient seize à vingt hommes, rebondit au milieu d'eux et éclata emportant, comme l'eut fait un instrument tranchant, la tête à un soldat de la garde mobile, marié depuis peu et laissant une jeune femme et un enfant au berceau. Les autres, à part quelques blessures peu sérieuses, en furent quittes pour la peur.

L'artillerie, composée de jeunes gens de la garde mobile, ne put se rendre aux remparts, n'ayant pas d'officiers.

Il faut dire ici en passant, que presque tous les officiers tant de l'activité que de la garde mobile, s'étaient cachés, sans s'occuper si on avait besoin d'eux ; aussi quelques-uns furent-ils rudement apostrophés par les soldats.

Enfin à quatre heures du soir le feu cessa tout-à-coup. On venait de hisser le drapeau blanc au-dessus d'une des tours de la Cathédrale. *La ville se rendait !!!!*

A cette vue quelques soldats — il faut le dire à leur honte — ne purent dissimuler leur joie, mais le plus grand nombre éclata en imprécations énergiques, on en vit pleurer de rage et accuser tout le monde de trahison. Quelques-uns brisèrent leurs fusils, presque tous jetèrent leurs cartouches.

Je ne veux pas ici apprécier la reddition de la

place. Simple narrateur je ne raconte que les faits, laissant à l'opinion publique le soin de porter son jugement.

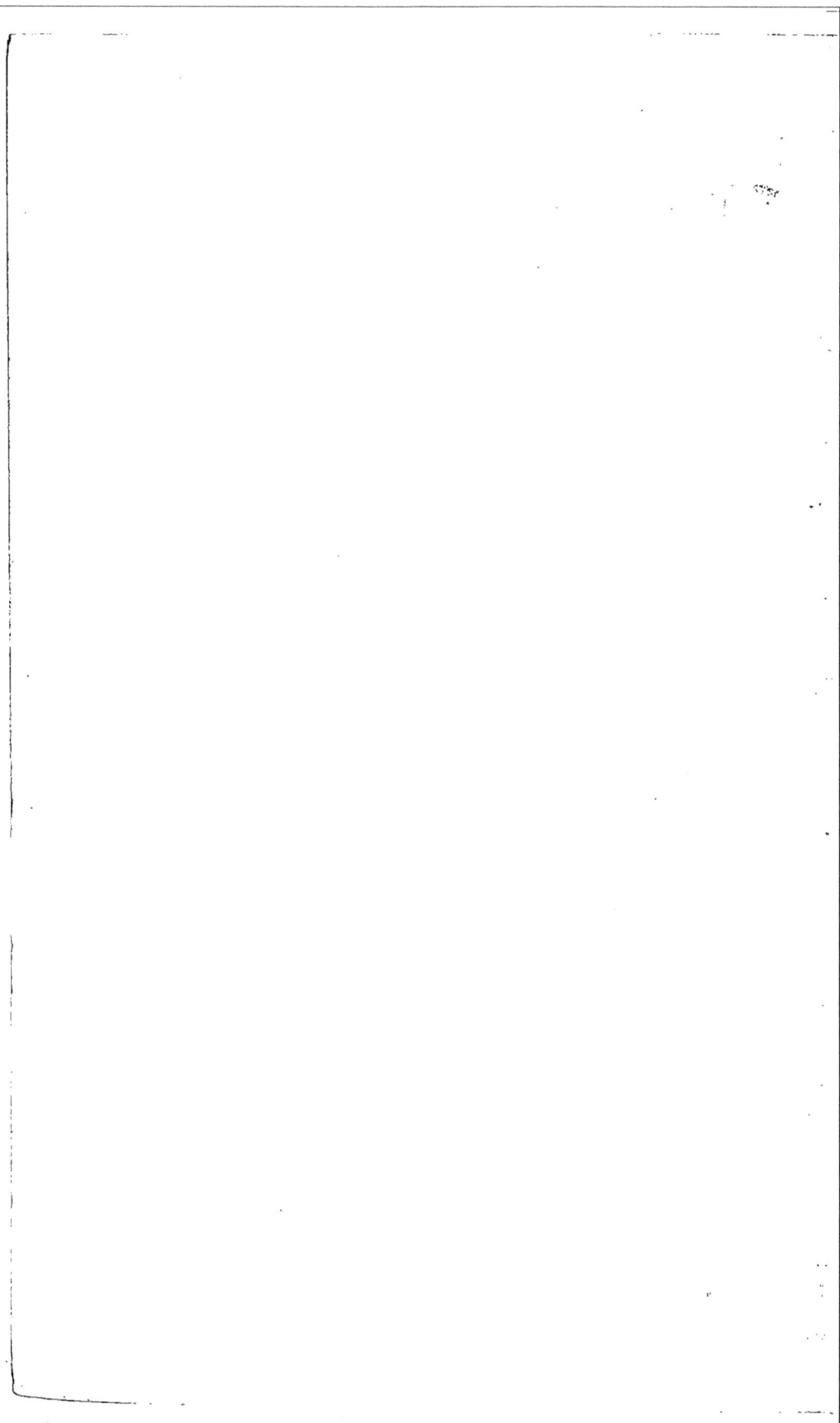

www.ingramcontent.com/pod-product-compliance
Lightning Source LLC
Chambersburg PA
CBHW061816040426

42447CB00011B/2683